AF602983

CONGRÈS DE LA PROPRIÉTÉ BATIE DE FRANCE

LYON 1894

SECTION II

LES

LIVRES FONCIERS

RAPPORT

PAR

M. GEORGES DELOISON

Avocat à la Cour d'appel de Paris,

Président de l'Union des Chambres syndicales des Propriétés bâties de France.

LYON

IMPRIMERIE DU SALUT PUBLIC

71, Rue Molière, 71

1894

LES LIVRES FONCIERS

MESSIEURS,

Avoir la prétention d'envisager sous tous ses aspects, dans un rapport nécessairement succinct, cette question à la fois si importante et si complexe des *Livres fonciers* serait une témérité et une présomption que vous condamneriez certainement.

Aussi bien, notre but est-il de poser les bases du problème à résoudre, de vous indiquer les raisons qui militent en faveur du système nouveau, ainsi que les obstacles qui s'élèvent contre son adoption et de vous soumettre les conclusions que l'étude attentive et impartiale nous a amené à formuler.

Faut-il renverser de fond en comble le régime foncier, sous lequel la France vit depuis tant d'années ? Faut-il faire table rase et complète de cet ensemble de lois, de traditions et de formalités protectrices qui nous sont familières par une sorte d'atavisme et d'habitude ?

Faut-il, peuple rajeuni, oublieux du passé et avide de l'avenir inconnu, nous lancer à notre âge dans cette entreprise coûteuse, aléatoire et périlleuse de l'institution des *Livres fonciers;* en faire la base unique et solide de tous nos droits de propriété ?

Pour entreprendre une pareille tâche et un semblable bouleversement, reconnaissons ensemble que nous avons le droit d'exiger de cette institution nouvelle qu'elle apporte certainement de nombreux et séduisants avantages et, d'un autre côté, qu'il nous faudra constater des défauts importants et incorrigibles au système foncier, qui depuis si longtemps régit notre pays.

C'est sous l'empire de ces deux idées maîtresses qu'il nous semble sage d'aborder, dans un congrès de la propriété, cette intéressante étude. Ce que nous recherchons, en effet, ce n'est pas de patronner une idée nouvelle, qui, pour le théoricien, a ses côtés enchanteurs, mais de rechercher, au point de vue pratique, la meilleure solution en tenant compte, dans une équitable appréciation, de tous les bienfaits et de tous les inconvénients des deux systèmes en présence.

Examinons donc tout d'abord quelles critiques on formule contre notre système foncier actuel, quelle est leur portée, et s'il ne serait pas possible, sans arriver à la transformation radicale proposée, d'apporter à cette œuvre perfectible des améliorations qui, sans supprimer complètement les défauts inhérents à toute institution humaine, en amoindriraient suffisamment les effets, pour nous permettre de continuer à vivre sous un régime foncier éminemment français.

SYSTÈME ACTUEL

D'après notre Code civil français, la propriété d'un immeuble se transmet entre les parties contractantes, et la constitution d'un droit réel s'opère, *par le seul effet de la convention.* Celle-ci n'est opposable aux tiers que si elle a été rendue publique par l'accomplissement des formalités de la transcription ou de l'inscription sur des registres spéciaux.

Ces mentions ont *pour but unique* de porter à la connaissance des tiers qu'une opération immobilière déterminée a été conclue entre les personnes dénommées.

Le fonctionnaire, chargé de la tenue des registres publics, qu'on appelle *le conservateur, n'est pas juge de la question de savoir si l'opération mentionnée est valable au fond ni même régulière en la forme ;* la mention, qu'il inscrit, tend à constater simplement qu'une personne lui a produit l'acte relatant la convention et qu'il en a transcrit le texte *in extenso* ou reproduit les clauses essentielles. *La transcription et l'inscription sont donc exclusivement des modes de publicité institués par la loi.*

INCONVÉNIENTS DU SYSTÈME ACTUEL

Premier reproche.

1° Le premier inconvénient de notre système actuel, signalé par les partisans de l'adoption des livres fonciers, apparait à ce simple exposé : par cette transcription ou cette inscription, le droit de propriété ou les autres droits réels ne sont pas définitivement assis. La loi n'a pas décrété que ces formalités rendaient le propriétaire, définitivement et d'une façon irrévocable, assuré de son droit. Tous les recours restent ouverts contre les constatations faites par les conservateurs : revendications, actions en nullité, en révocation, en réduction et en rescision, pétition d'hérédité, prescription. Pour préciser et donner une idée qu'on prétendait exacte des périls de notre régime foncier, les partisans du système nouveau ont apporté le renseignement suivant qui indiquerait la mesure des dangers courus par le propriétaire et le peu de sécurité de son droit : « *Nous devons constater, disait-on, que* « *près de 3.000 actions en revendication sont intentées chaque* « *année.* » (Conférence de M. Yves Guyot).

La statistique est une fort belle invention moderne ; elle peut venir à l'appui de démonstrations et servir à contrôler les affirmations des novateurs, à une condition, c'est qu'elle soit très minutieusement vérifiée. Aussi M. Fravaton, inspecteur de l'Enregistrement, dans la séance du 23 février 1893 de la sous-commission juridique, a-t-il dépouillé cette statistique et, bien que favorable à la création des livres fonciers, démontré à quoi il fallait réduire, au point de vue qui nous occupe, la statistique invoquée :

« Aujourd'hui ces erreurs, disait-il, ne sont pas très graves, et il « n'y a pas, en somme, *beaucoup* d'actions en nullité et en revendi- « cation. Pendant un an, les actions en nullité d'hypothèques ont été « de *83*, sur lesquelles *51* seulement ont été admises.

« Pendant le même espace de temps, les actions en revendication de « propriété immobilière ont été de *1,602*, sur lesquelles 1,038 ont été « admises.

« *Il ne faut pas donner* à ce dernier chiffre plus d'importance qu'il « ne comporte. Ces actions ont trait presque toujours à des immeubles « *d'une très faible valeur*, car l'action en revendication est exercée « bien plus souvent *pour une fraction* d'immeubles, *pour quelques* « *mètres de terrain*, plutôt que pour la propriété tout entière.

« J'arrive maintenant au gros chiffre, au chiffre des résolutions de « vente. Là, nous trouvons 1,069 actions, sur lesquelles 895 ont été « admises. *Seulement on m'a appris à lire la statistique*, j'ai été à « bonne école et je vois mes excellents maitres devant moi (sourires) ; ils

« m'ont appris à ne pas me contenter d'un chiffre extrait d'un document officiel, qui avait souvent besoin d'être *analysé*, *décomposé*, « *contrôlé* par d'autres statistiques. J'ai contrôlé ce chiffre de 895, « donné par le Ministère de la Justice, et j'ai constaté que, sur les « 895 actions admises, la statistique du Ministère des finances nous « révélait qu'il y en avait 695 *pour non paiement du prix* ; or, ce ne « sont pas là des actions en résolution pouvant donner lieu à indemnité. « Le vendeur est rentré tout simplement en possession de son immeuble. « Il reste donc à peine 200 actions en résolution de vente à la suite « desquelles on a pu déposséder le vendeur. Ce chiffre est bien faible, « étant donné le système actuel. »

De ce dépouillement de la statistique, il résulte qu'il y a lieu de défalquer une multitude d'actions, qui ne sont pas nées à raison de la défectuosité de notre régime foncier, ou qui proviennent des querelles très nombreuses à propos de parcelles de terres infimes, qui sont plutôt des demandes en bornage que de véritables actions en revendication. La résolution de vente pour cause de non paiement du prix existera dans tous les systèmes.

Au reste, le peu d'importance, en pratique, des inconvénients signalés par la théorie est constaté par tous les hommes d'expérience qui n'ont vu que très rarement, dans le cours de leur carrière, de véritables et importantes actions en revendication. (Discours de M. Richardot au Congrès de 1892). Les recueils judiciaires nous en offrent du reste peu d'exemples.

Aussi faut-il considérer comme une boutade échappée à M. Dupin, dans la discussion de 1836, cette phrase spirituelle : « Celui qui achète « n'est pas sûr d'être propriétaire ; celui qui paie de ne pas être obligé « de payer deux fois et celui qui prête d'être remboursé. »

Deuxième reproche.

2° Le second reproche adressé à notre législation française consiste dans le défaut de publicité de certaines mutations non prévues par la loi de 1855. En effet, tous les actes et toutes les conventions, intéressant le droit de propriété, ne sont pas soumis à la transcription et à l'inscription, et, pour montrer une des lacunes considérables de la loi de 1855, il suffit de citer les mutations par décès qui n'y sont pas inscrites et l'impossibilité dans laquelle on est de retrouver, dans les conservations hypothécaires, la trace des immeubles recueillis par héritage.

Faut-il nous avancer davantage dans la critique de la loi de 1855, montrer que le seul droit de résolution qui, dans l'état actuel de notre législation, soit porté à la connaissance des tiers, par la voie des registres des conservateurs, est la condition résolutoire du vendeur non payé de son prix et que tous les autres droits de résolution restent sous le régime de la clandestinité ; qu'aucune des causes d'annulation des titres, sauf la saisie immobilière et la constitution de majorat, n'est inscrite : par exemple, celles provenant de l'incapacité des contractants ou de l'inaliénabilité de l'immeuble transcrit ; que si la loi exige l'inscription des jugements qui révoquent ou annulent le droit du propriétaire apparent, par contre elle dispense de toute publicité les actions en nullité ou en résolution, et c'est par exception qu'elle ordonne l'inscription des demandes en révocation des donations pour cause d'ingratitude.

Tout en constatant ces lacunes, il serait injuste d'en exagérer la portée. D'abord, dans les actes authentiques, c'est-à-dire ceux passés devant notaires, et dans les grosses d'adjudications faites à la barre du Tribunal, les acquéreurs trouvent dans le cahier des charges, qui est soigneusement et minutieusement dressé soit par les notaires soit par les avoués, sous leur responsabilité personnelle, un établissement de propriété. Certes, il faut, dans ce travail, rechercher les noms, prénoms, professions et domiciles exacts, ainsi que la capacité de toutes les personnes qui ont été propriétaires du bien mis en vente, fixer la situation de cet immeuble pendant une période de temps au moins égale à celle nécessaire à l'accomplissement de la prescription, c'est-à-dire pendant trente ans, même dépasser cette limite si une cause quelconque d'interruption est survenue. Lorsque cet établissement de propriété a été consciencieusement fait et que les titres réguliers ont été soumis à l'acquéreur, celui-ci peut avoir une sécurité sinon parfaite, du moins très sérieuse, et il possède l'historique complet de la propriété qu'il a acquise, historique qu'il pourra soumettre aux tiers avec lesquels il traitera.

Il est exact que la loi de 1855 a des défauts et, des deux côtés, il est reconnu et proclamé qu'une révision de cette loi est absolument indispensable.

Le Livre Foncier, à lui seul, ne modifierait pas cette situation. Tout immeuble, ayant changé de maître par succession, sera bien inscrit à son numéro, mais rien ne mentionnera davantage le changement du propriétaire survenu par l'une des causes qui échappent aujourd'hui à la transcription, si la création des Livres Fonciers n'était en même temps l'occasion de la réforme de notre système hypothécaire.

Cette réforme n'est pas liée indissolublement à l'institution des Livres Fonciers ; elle est prête, elle a été étudiée. La Belgique, qui en a pris l'initiative, a converti en loi, dès décembre 1851, la majeure partie des modifications proposées, et a prouvé, par quarante années d'expérience, les incontestables avantages des innovations qu'elle avait apportées à notre Code.

En France, la loi spéciale du Crédit Foncier en a déjà appliqué quelques-unes, en particulier pour la simplification de la purge.

Lorsqu'il aura été décidé que la publicité doit être étendue à toute mutation, à titre gratuit ou onéreux, soit entre vifs, soit à cause de mort ; que toutes les actions en résolution, rescision et autres, dont la propriété peut être menacée, doivent être inscrites ; qu'on aura admis la double règle de la publicité et de la spécialité de toutes les hypothèques et de tous les privilèges, n'aura-t-on pas apporté un remède énergique aux vices signalés, et assuré la sincérité des transmissions et la sécurité des biens ?

Disons donc que ces réformes sont absolument en dehors de la question qui nous occupe, qu'il s'agit d'une modification législative qui s'impose dans un cas comme dans l'autre, qui peut être discutée et votée en dehors du Livre Foncier et apporter aux inconvénients du système actuel une amélioration tellement efficace, que l'institution du Livre Foncier pourra peut-être apparaître comme inutile.

Troisième inconvénient

Le troisième inconvénient signalé est celui des frais.

Nous nous contentons de faire remarquer que cette question est d'un ordre tout particulier et qu'elle ne peut être invoquée en faveur de l'un ou de l'autre système. Dans les deux hypothèses, il est possible de prévoir et de demander un dégrèvement important des droits de timbre et d'enregistrement. La question fiscale apparait de suite. Les nécessités budgétaires permettront-elles d'atténuer l'importance des frais ? Notons que les partisans de la réforme reconnaissent, en présence de la situation financière actuelle, qu'il faudra remplacer les droits actuellement perçus par de nouveaux droits, qui en forment la compensation. Cette étude des droits compensateurs peut donc se faire sur le terrain purement fiscal et rester indépendante de la réforme que nous traitons.

Nous avons maintenant à rechercher si les inconvénients que nous venons de signaler et de réduire à leur juste proportion, en même temps que nous avons indiqué le moyen sinon de les annuler complètement, du moins d'en diminuer les effets, si, disons-nous, ces inconvénients sont plus redoutables que ceux que nous allons rencontrer dans le projet nouveau proposé.

LES LIVRES FONCIERS

C'est ici où, pour la clarté de la discussion, il est urgent de se demander quelle est cette théorie nouvelle qui est proposée, d'où elle vient, par quels moyens elle pourra être introduite en France et quels seront ses avantages et ses inconvénients ?

On entend par *Livres fonciers*, des registres tenus dans chaque circonscription par un fonctionnaire public et sur lesquels s'inscrivent, chacune à chaque feuillet, toutes les propriétés bâties et non bâties, situées sur l'ensemble du territoire national. Au feuillet qui lui est ouvert, chaque propriété est désignée par un numéro correspondant à celui du cadastre. Sa configuration, sa contenance, son utilisation, ses limites y *sont, en quelque sorte, photographiées par une reproduction du dessin cadastral,* suivant une expression pittoresque de M. Martin, avocat à Rouen, qui a pris une part si importante et si remarquée dans la discussion qui a eu lieu au Congrès de 1892. Pour compléter la détermination physique de l'immeuble, on ajoute l'énumération précise des servitudes et mitoyennetés. Puis, en regard, on désigne, par leur état civil complet, les noms des propriétaires au moment de l'établissement du livre et des propriétaires successifs. Ce n'est pas tout; pour que ce livre possède toutes les énonciations utiles à connaitre pour les transactions, on y inscrit toutes les circonstances desquelles peut résulter une perte ou un amoindrissement des droits du propriétaire, c'est-à-dire s'il est majeur, mineur, tuteur, failli, interdit, marié sous tel ou tel régime, s'il a acquitté son prix d'achat, ou s'il est, en tout ou en partie, débiteur; si l'immeuble est déjà grevé d'hypothèques, de privilèges ou de toutes autres charges diminuant sa valeur, ou formant obstacle à sa disponibilité.

Il est certain qu'un pareil tableau aurait cet avantage évident : qu'il présenterait, d'un seul coup d'œil pour ainsi dire, et l'aspect physique et l'aspect moral de la propriété.

La conséquence, c'est que l'inscrit n'a plus à redouter ni revendication, ni préoccupation, ni trouble quelconque, puisque rien ne peut prévaloir contre l'immatriculation. Il peut donc offrir sécurité complète aux tiers qui voudront traiter avec lui, pour obtenir soit transmission de la propriété, soit concession d'une hypothèque. La propriété paraît ainsi reposer sur des bases inébranlables, étant purgée ou paraissant purgée de tous les vices qui peuvent l'affecter.

La conséquence naturelle, signalée par tous les partisans des Livres Fonciers et qui leur a apporté le secours des promoteurs du Crédit agricole, c'est la mobilisation du sol. On pourrait dire que, pour beaucoup, c'est surtout le véritable objectif. Nous aurons à nous occuper plus loin de cette conséquence.

AVANTAGES DU SYSTÈME NOUVEAU

Pour le moment, constatons que les avantages signalés comme résultant de l'adoption des Livres Fonciers peuvent se résumer ainsi :

1° Description matérielle plus exacte de la propriété ;

2° Désignation juridique plus complète des charges qui la grèvent et des incapacités de ceux qui la possèdent ;

3° Assise inébranlable et certaine de la propriété ;

4° Facilité de transmission et mobilisation du sol.

L'Act Torrens. — Avant d'examiner chacun de ces avantages et de rechercher si l'expérience ne viendra pas en amoindrir les apparences, il nous parait indispensable de dire quelques mots sur la source à laquelle il a été puisé pour en faire sortir cette nouvelle création.

Depuis plus d'un siècle, existait à nos côtés l'institution des Livres fonciers avec force probante, mais personne ne semblait le savoir ni s'en préoccuper. Le groupe germanique, dont nous aurons plus loin à parler d'une façon plus développée, possédait depuis longtemps ce régime spécial, bien accommodé au caractère de son peuple et à ses vieilles coutumes féodales. Il fallut que ce système traversât les mers et allât s'installer aux antipodes de notre pays, pour que nos savants voulussent bien lui accorder leur persistante attention. Ce n'est, en effet, qu'au moment où le système de l'Act Torrens fut adopté en Australie, qu'il devint en France un sujet d'études et de propositions.

L'Act Torrens tient son nom de Sir Robert-Richard Torrens, qui, pour faire adopter son système, n'hésita pas à se mettre en opposition ouverte avec son père, le célèbre Colonel Torrens, un des promoteurs du système Wakefield, un des fondateurs de la Colonie du South-Australia, à donner sa démission de Directeur de l'Enregistrement, à se faire nommer député et dans cette assemblée, qui était la première assemblée parlementaire, à faire triompher son projet. Ne nous apitoyons pas trop sur son sort ; nous nous trouvons en présence de ces hommes énergiques et décidés, il est vrai, mais de ces hommes qui savent que, dans leur pays, une idée que l'on fait triompher ne reste pas sans récompense pour celui qui l'a conçue et patronnée. Sir Robert-Richard Torrens fut mis à la tête du nouveau département qu'il venait de créer.

Faut-il dire, comme M. Yves Guyot, que Richard Torrens a conçu le système des Livres fonciers, après la lecture d'un article d'un journal local, « *The South australien Registra* », qui signalait les frais et les complications inhérentes à tout transfert de propriété immobilière et demandait s'il n'y aurait pas quelque moyen plus expéditif de transmettre la propriété ? N'est-il pas plus logique de penser avec MM. Dansaert et Brunard, (Rapport de l'immatriculation des immeubles, p. 11), que Sir Robert Richard Torrens a puisé l'idée des Livres Fonciers dans le Droit germanique, comme il l'aurait reconnu lui-même en 1855 ? Peu importe. Ce qui est certain, c'est qu'il eut le mérite, ayant une idée qu'il croyait utile à son pays, de s'y consacrer et, avec une énergie et une persévérance dignes d'éloges, d'arriver à faire triompher et admettre son projet.

Il était simple du reste ; et, dans un pays en formation, où les territoires s'offraient pour ainsi dire d'eux-mêmes sans précédents propriétaires, où les plus anciennes possessions dataient d'une époque relativement récente, où il n'était pas à craindre de détruire de nombreux droits déjà acquis, il pouvait à ce moment avoir sa raison d'être et ses avantages évidents.

Voyons si les avantages annoncés sont sans mélange et si nous n'allons pas rencontrer, dès le début de cette étude, des obstacles qui pourront être considérés pour notre pays comme insurmontables.

Nous examinerons une à une les conséquences de l'adoption des Livres fonciers.

EXAMEN DU PREMIER AVANTAGE. — DESCRIPTION PLUS EXACTE DE LA PROPRIÉTÉ

1° Description matérielle plus exacte de la propriété.

Il ne suffit pas de décréter une description matérielle plus exacte de la propriété, il faut se demander comment on pourra y arriver. Et, à cet effet, il va falloir se livrer à des opérations très compliquées et très coûteuses.

Le cadastre français, tel qu'il est actuellement, est trop incomplet pour servir de base au système des Livres Fonciers.

Ce document présente de nombreuses défectuosités, même au point de vue de l'assiette de l'impôt foncier. Des immeubles se sont construits, des voies nouvelles ont été ouvertes, des parcelles se sont réunies et le cadastre de 1811 est resté immuable. Il n'y a plus aucune corrélation entre l'état matériel du cadastre et la situation réelle des propriétés. Le service de la conservation du cadastre, organisé en Hollande, en Suisse, au Canada, en Allemagne, est resté étranger aux préoccupations du législateur français. Les projets de 1820, 1830, 1837, 1846 et du 23 mars 1876 n'ont pu aboutir.

Le renouvellement du cadastre est donc le préliminaire obligé de l'institution des Livres Fonciers.

Si effectivement, avec notre régime foncier actuel, où le cadastre n'a juridiquement aucune force probante, quant au droit de propriété ni même quant à la délimitation des héritages, son maintien en cet état défectueux est possible et la méthode à employer pour l'améliorer peut consister en une transformation lente et peu coûteuse, au contraire, avec le système des Livres Fonciers, la réfection du cadastre, qui va fournir les éléments de la détermination matérielle de chaque propriété immatriculée et donner le numéro du feuillet sur lequel cet immeuble sera inscrit, est indispensable. Elle est la base même du système.

Réfection du cadastre

Or, la réfection du cadastre entraîne une dépense, sur laquelle on n'est pas d'accord, mais qui évolue entre 400 millions et un milliard.

M. Charles Piat, chef du service topographique de Tunisie, a fait sur cette question un rapport très étendu et très documenté, qui a été présenté au Congrès de la propriété foncière de 1892. Suivant lui, le personnel nécessaire pendant l'opération serait de *118 inspecteurs, 354 vérificateurs, 5230 géomètres.* Il estime que cette opération devrait durer *15 ans* et il calcule qu'il faudrait dépenser une moyenne de *11 fr.* par hectare, ce qui correspond à une dépense totale de 550 millions pour l'ensemble du territoire français.

On a opposé qu'il y aurait certaines déductions à opérer pour les communes dont le cadastre est déjà à jour. Cela est possible. D'un autre côté, sans comparer les géomètres à MM. les architectes, dont les devis ne sont le plus souvent qu'un aperçu très approximatif et toujours trop réduit de la dépense, il est permis de craindre qu'il n'y ait lieu à quelque majoration.

Cette opération essentielle rencontre un grave et dangereux obstacle : *la dépense nécessaire.*

Qui paiera ces 550 millions ? L'Etat, les communes ou les propriétaires ? Puisque nous nous trouvons dans un Congrès de la propriété bâtie, signalons qu'il est bien à redouter que la plus grosse part de cette dépense, — qui a, il est vrai, un double but : faciliter la péréquation de l'impôt et asseoir plus solidement la propriété, — il est à redouter disons-nous, que la plus grosse part des dépenses ne retombe sur la propriété.

Cette réfection du cadastre aurait du reste, au point de vue de la propriété bâtie, d'autant moins d'intérêt que celle-ci par, sa nature même, a une assiette plus fixe et une détermination plus précise.

Au reste, tout le monde parait reculer devant cette dépense énorme et, dans un discours prononcé tout récemment au Sénat, le 19 juillet 1894, dans la discussion des Contributions directes, M. Poincaré, ministre des finances, a proclamé officiellement cette impossibilité de la réfection.

« Cette Commission extra-parlementaire, disait-il, a envisagé la possibilité d'une réforme complète de notre régime hypothécaire tendant « à la spécialité et à la publicité des hypothèques et à l'organisation « générale des livres fonciers dans ce pays, réforme dont je ne méconnais pas l'importance, loin de là, mais qu'il serait assez long de faire « adopter par les Chambres, et *qui, dans tous les cas, entraînerait,* « *si elle était assise sur la révision du cadastre, une dépense qu'à* « *l'heure présente le budget ne me semble pas pouvoir supporter.* « Cette dépense, M. Bisseuil nous disait qu'elle serait peut-être de « 400 millions. Elle serait, tout au moins, d'après les conclusions de la « Commission extra-parlementaire, de 300 millions.

« *Il ne faut pas songer, ou du moins, je crois pour mon compte* « *qu'il ne faut pas songer aujourd'hui à demander la réfection* « *du cadastre* ».

Est-ce à dire qu'il faudra rester à ce point de vue absolument inerte et impuissant? Telle n'est pas notre opinion. Mais nous croyons que cette révision du cadastre peut se faire peu à peu, sans dépense considérable, en rendant obligatoire, au lieu de la laisser facultative, la déclaration au cadastre, en exigeant des contractants de se référer dans leurs titres aux numéros du cadastre rectifié. Il ne nous appartient pas, dans ce rapport, de nous étendre sur les moyens pratiques à employer pour arriver à une amélioration sensible et peu coûteuse du cadastre. Mais nous devons simplement constater l'obstacle insurmontable qui assurément se dresse contre l'adoption des livres fonciers, dont le sort est indissolublement lié à la réfection actuelle et urgente du cadastre.

L'îlot ou la parcelle

La constitution des Livres Fonciers soulève encore une autre question des plus délicates et qui montre bien, même avant son expérimentation, à quelles difficultés pratiques l'application se heurtera.

Et tout d'abord, fallait-il admettre comme unité foncière l'îlot ou la parcelle? Parmi les partisans des Livres Fonciers, la scission a été des plus ardentes et des plus opiniâtres, et bien que, dans sa séance du 17 décembre 1891, la Commission extra-parlementaire ait, après une grave controverse, donné la préférence à l'ilot, les adversaires de l'ilot n'en ont pas moins repris dans la séance du 24 mars 1892, sous une autre forme, la lutte qu'on croyait éteinte.

Cette guerre fratricide a fait ressortir, de la façon la plus éclatante les défauts pratiques du système, et il faut avouer que le lecteur impartial est bien embarrassé : il se trouve en présence de deux dangers aussi inévitables l'un que l'autre.

Il est reconnu et proclamé par les deux partis en présence qu'il est impossible de contraindre les contractants à être liés par la limitation de l'ilot ou de la parcelle. Ils sont bien obligés d'être unanimes à reconnaitre que la liberté de morcellement ne peut être entravée et que soit l'ilot, soit la parcelle peuvent être cassés en autant de morceaux qu'il plaira aux parties de le faire, dans la plénitude de leur indépendance et de leur droit. Ne pas proclamer une pareille faculté serait la perte inévitable et certaine du Livre Foncier.

Seulement, cette concession faite et cet accord reconnu, comment va-t-on opérer ?

La division par ilot a l'avantage incontestable de l'économie. Mais la moindre modification dans la configuration de l'ilot soulève une question difficile à résoudre. Entrainera-t-elle la destruction du feuillet et la constitution d'un ou plusieurs feuillets nouveaux ; au contraire, opérera-t-on sur le feuillet même les retranchements ou additions ?

Dans le premier cas, le travail de refonte sera si fréquent, qu'il en résultera la suppression du Livre Foncier par l'impossibilité de sa tenue.

Dans le second cas, le feuillet tournera en peu de temps au grimoire. Et ce résultat sera d'autant plus vite atteint que chacune des parcelles qui composent l'ilot peut être soumise à des charges différentes.

Pour avoir une idée de la difficulté du travail, il suffit de rappeler que M. Liotard Vogt, dans la séance du 23 juin 1892 de la sous-commission du cadastre, déclarait que le nombre total des ventes, soit notariées, soit sous seings privés, soit judiciaires, enregistrées, année moyenne, est de 678.000 et se répartit ainsi : ventes au-dessous de 100 fr., 147,000 ; de 100 à 595, 228.000 ; de 600 à 1.199, 111.000 ; de 1.200 et au-dessus, 192.000,

Alors, ne vaudrait-il pas mieux revenir à la parcelle ? Celle-ci est elle-même divisible et les inconvénients peuvent se représenter ; d'autre part, le nombre des parcelles est innombrable et le Livre Foncier devient ainsi impossible.

La Commission extra-parlementaire s'est, dans sa séance du 24 mars 1892, livrée a des débats très intéressants qui montrent la perplexité de chacun. Elle avait à dénouer un nœud gordien ; elle a fait comme

Alexandre, elle l'a tranché. Il y avait de chaque côté des écueils ; elle a choisi celui qui lui a paru le moins dangereux, sans en nier les périls. Mais comment faire, à moins de renoncer à l'œuvre entreprise?

Nous nous permettons d'insister sur ce point, parce qu'il est un des points les plus faibles de l'innovation des Livres Fonciers.

Or, quand une chose est nouvelle, qu'elle n'a pas encore été expérimentée, qu'elle est vierge de toute atteinte de la pratique, elle a, en général, toutes les perfections et le temps seul en fait apparaître les défauts. Ici, nous nous trouvons en présence d'une situation anormale. Même avant l'expérience, alors que la théorie seule est en jeu, les vices du système apparaissent tels, que la dissension est au sein de ses partisans.

M. Challamel, notre vice-président, qui a pris une part si active et si brillante à ces discussions, a condamné éloquemment le système de la parcelle :

« Si vous voulez décider autre chose, si vous voulez que l'unité « foncière ne présente aucune complexité dans les éléments qui la « composent, il faut renoncer à l'unité que nous avons choisie et la « remplacer par l'unité parcellaire. Ce ne sera même pas assez, car la « parcelle n'est pas indivisible, *il faudra dresser un feuillet foncier » pour chaque motte de terre.*

« Dans ces conditions, nous aurons non pas 60 millions de feuillets « fonciers, mais 300, 400, 500, 600 millions de feuillets, car il est « certain que les droits qui grèvent la propriété se fractionnent à « l'infini ainsi que les actes qui les constituent ; je le répète, vous « allez au feuillet foncier par motte de terre.

M. Revoil. — « *C'est la mort du Livre Foncier.* »

Restons sur cette phrase funèbre et enterrons avec chagrin la parcelle. Mais la voici qui prend à son tour *sa revanche.*

M. Marquès di Braga a fait au sein de cette même Commission l'observation suivante :

« Nous sommes partis, je crois, de ce desideratum, avant d'adopter « la formule relative à l'unité foncière, que l'établissement de la pro- « priété aurait une base graphique.....

« Il en résulte que, sur le même feuillet du livre foncier, vous aurez « l'historique d'une parcelle qui sera la grosse et l'historique d'une « autre parcelle, qui sera la petite. Tout cela s'enchevêtrera.

M. Bufnoir. Il en viendra même une troisième et une quatrième.

« *M. Marquès di Braga.* Il en viendra jusqu'au moment où le con- « servateur du Livre foncier, reculant lui-même d'horreur à l'aspect du « Livre qu'il tient, décidera qu'il y a lieu de faire un nouveau « feuillet. »

En effet, les mutations de propriété en France sont fréquentes et dans certaines régions la division du sol augmente dans des proportions constantes.

Ajoutons qu'il ne s'agit pas seulement de la partie physique de la configuration de l'ilot, mais aussi des charges qui grèvent chacune des parcelles qui composent l'ilot. Il est vrai que la Commission extra-parlementaire aurait peut-être reconnu, par un beau désespoir, et déclaré, avec la loi allemande, que la parcelle qui se réunira à une unité foncière sera immédiatement grevée de toutes les charges antérieures consenties; et que, lorsqu'une parcelle sera distraite d'un immeuble, le tribunal des partages, s'il juge que la garantie n'est pas diminuée, pourra ordonner que cette parcelle entrera dans la nouvelle unité foncière dégrevée des droits qui la grevaient dans l'ancienne. Cette solution aurait enlevé une des causes qui feront en peu de temps du Livre foncier un véritable grimoire. Mais la Commission extra-parlementaire a compris qu'elle ne pourrait pas aller jusque-là, que la liberté des conventions était un des principes fondamentaux de notre droit et que le respect des contrats était inhérent à la loyauté du caractère français.

Ce qui est une preuve qu'il est toujours difficile d'imposer à une nation, des lois faites pour les mœurs des autres peuples.

La Commission extra-parlementaire se trouvait donc en présence de ces deux impossibilités matérielles, aussi délicates l'une que l'autre. Toutes deux lui ont été également signalées. Elle n'avait pas le choix entre les deux chemins, l'un du vice, l'autre de la vertu; elle n'avait, pour adopter le Livre foncier, qu'à choisir entre deux chemins aussi mauvais l'un que l'autre. Pour sauver le Livre foncier, elle a pris l'un de ces chemins, elle a adopté l'ilot, mais la solution n'en est pas meilleure pour cela.

Abornement général

Ce n'est pas seulement la dépense qui peut et doit faire reculer devant l'établissement du piédestal nécessaire à l'érection des Livres fonciers, ce n'est pas seulement l'impossibilité matérielle de la tenue de ces feuillets, qui représenteront non pas une simple feuille, mais des volumes, c'est encore le danger très sérieux et insurmontable de l'opération indispensable de l'abornement général.

En effet, indépendamment de la triangulation, du levé des plans parcellaires et des autres travaux d'art confiés au service topographique, une délimitation de la propriété, immédiatement suivie de bornage, s'impose.

Puisque nul ne pourra plus réclamer contre les conséquences de l'autorité des inscriptions une fois opérées, il faudra naturellement des garanties de certitude, avant d'accorder à ceux qui la réclameront le bénéfice de cette inscription.

Pour s'assurer qu'ils ont bien le droit de s'inscrire, ils seront mis en demeure de justifier de ce droit, contradictoirement avec tous ceux qui se prétendraient fondés à le contester, c'est ce qu'on appelle la formalité de l'abornement général, et, en cas de contestation, ce sera l'investiture nouvelle de la propriété faite par un Comité spécialement désigné.

Or, peut-on supposer un instant, sans effroi, cette mise en demeure faite à tous les propriétaires de France ? Peut-on se douter du trouble apporté dans notre état social par cette enquête où chaque propriétaire sera obligé d'apporter ou de sacrifier ses titres ? Nous ne savons pas comment serait accueillie une pareille inquisition. Pendant cette période naîtraient toutes les résistances, tous les procès en bornage, toutes les contestations sur les limites, tous les conflits sur la prescription brusquement interrompue.

Qui sera juge de toutes ces contestations ? Sera-ce l'administration représentée par le géomètre cadastral ? Sera-ce une commission spéciale chargée de diriger les travaux et de juger sans appel toutes les contestations susceptibles de se produire ? Seront-ce les juges de paix et leurs suppléants qui seront chargés de cette mission ?

Avec les 14 millions de parcelles et les 8 millions de propriétaires, il faut bien reconnaître que de nombreux conflits s'élèveront. A ces 8 millions de propriétaires, il faudra encore ajouter tous ceux qui auraient à réclamer ou à faire consacrer leurs droits de servitude, d'hypothèque, de privilège, et tous ceux dont la propriété est insuffisamment établie et repose sur la possession, et une possession respectable pouvant engendrer la prescription, ce qui portera à plus de 15 millions les personnes obligées de venir discuter et établir leurs droits devant on ne sait quel tribunal.

C'est la porte ouverte aux injustes convoitises et à la fraude, pendant cette période d'inextricables revendications.

Pour éviter ce bouleversement et ces dangers, comment a-t-on opéré dans les pays où ce régime de l'act Torrens a été implanté ? Comment a-t-on agi en Australie même, pays neuf où les droits acquis n'étaient pas bien considérables ? *On a déclaré que l'adoption du régime foncier était facultative.* Il en a été de même en Tunisie. Et cependant il s'agit d'un pays comparable à un pays neuf. La vieillesse est souvent voisine de l'enfance, et la Tunisie était tellement caduque, que notre protection a été plus qu'une rénovation, elle a été une renaissance. Eh bien, même dans ce pays, sous notre protection, nous avons, par la loi du 1er juillet 1885, dû ne créer le régime du livre foncier que d'une façon facultative, pour ne pas froisser les droits déjà acquis, et constituer ce nouveau régime pour la nouvelle propriété qui allait naître par les nouvelles acquisitions.

Mais cette faculté de se soumettre ou non à l'act Torrens est vivement critiquée par M. Besson, dans son ouvrage si remarquable et si savant des biens fonciers et de la réforme hypothécaire.

« *Il ne semble pas, dit-il, que le système de l'immatriculation* « *facultative puisse être admis, même à titre de transition. Ce* « *serait, selon nous, condamner la réforme à un échec certain.* « *La faculté d'option accordée aux propriétaires Australiens* « *n'est pas, quoi qu'on en pense, une des dispositions les plus* « *heureuses de l'acte Torrens.* »

M. Maxwel déclare que le moindre inconvénient de cette immatriculation facultative est *un service d'enregistrement pour chacune des deux méthodes*, et par conséquent deux administrations distinctes, « deux séries de registres et de salles, une énorme accumulation d'archives. »

Ajoutons que ce serait créer, en notre pays si unifié, deux sortes de propriétaires, deux sortes de loi. Nous avons eu assez de mal, il a fallu assez de temps et d'efforts pour unifier notre législation, détruire ces différences nées des coutumes et du droit écrit, et soumettre à une même et égale loi, interprétée par une Cour unique et suprême, tous les Français, pour ne pas détruire l'ouvrage si péniblement achevé.

Il faut donc le Livre foncier obligatoire — ou il ne le faut pas. Eh bien, si nous résumons déjà au point de vue matériel les inconvénients qu'il suscite, nous trouvons une dépense devant laquelle presque tous reculent, une tenue de registres remplie de difficultés, qu'on adopte la division par îlot ou celle par parcelle ; et, en plus, les dangers certains de la réfection et de l'abornement général.

SECOND AVANTAGE DU LIVRE FONCIER. — DÉSIGNATION JURIDIQUE DE TOUTES LES CHARGES.

Le second avantage du Livre foncier est la *désignation juridique* plus complète *des charges* qui grèvent la propriété.

Nous avons démontré plus haut que la révision de la loi de 1855 pourrait apporter des améliorations sensibles au régime actuel.

TROISIÈME AVANTAGE. — ASSISE IRRÉVOCABLE ET CERTAINE DE LA PROPRIÉTÉ.

Le troisième avantage est l'assise irrévocable et certaine de la propriété. Elle découle de la force probante attribuée à l'immatriculation. Mais tandis que certains considèrent que, pour produire tous ces effets, il faut que cette irrévocabilité soit *absolue;* d'autres, partisans cependant du Livre foncier, reculent devant toutes les conséquences de cette théorie et essaient de la mettre d'accord avec les articles de nos lois.

La grande difficulté provient des deux points de départ différents des législations diverses qu'on peut diviser en deux groupes, celles qui ont adopté le système de l'immatriculation et celles au contraire qui ne considèrent l'inscription que comme un mode de publicité.

Dans le premier groupe, qu'on peut appeler le groupe germanique, nous voyons: la Prusse, la Bavière, le Wurtemberg, la Saxe, la Suisse allemande, l'Autriche, la Hongrie et aussi l'Australie.

Dans le second groupe, qui peut prendre la dénomination de groupe français, nous comptons la France, la Belgique, l'Italie, le Luxembourg, la Hollande, la Suisse romande, la Roumanie, la Grèce, la Louisiane, le Canada. Il faut encore y ajouter l'Alsace-Lorraine, qui a résisté jusqu'ici aux diverses tentatives allemandes et a su rester fidèle aux lois de la mère-patrie.

Les tentatives faites en 1884 et en 1886 n'ont pas réussi. Le Landesausschuss, sur les conclusions de M. le conseiller Gunzut, a prononcé l'ajournement du projet et adopté seulement des mesures transitoires, destinées *à éclairer, dans la mesure du possible, la situation actuelle de la propriété foncière et à faciliter peut-être plus tard l'introduction des Livres fonciers.*

(Lois du 24 juillet 1889, *Bulletin de statistique et de législ. compar.*, juin 1890, p. 708).

La Tunisie a été dotée, par la loi du 1er juillet 1885, d'un régime foncier éclectique, *où se combinent heureusement, dit M. Besson, les principes de la loi française et les améliorations dont s'honorent les régimes fonciers de l'étranger.*

Cette divergence entre les deux groupes n'est pas un effet du hasard, mais, au contraire, le résultat d'une conception toute différente de la propriété.

L'immatriculation est une institution de droit germanique. L'Etat est censé posséder le domaine universel de son sol. Il le concède par investiture. L'article 1er de la loi allemande du 5 mai 1872 sur l'acquisition de la propriété immobilière est ainsi conçu: « En cas d'aliénation « volontaire, la propriété d'un immeuble n'est acquise que par une « inscription au Livre foncier, faite à la suite d'un acte d'investiture (Auflassung) ». Et l'exposé des motifs indique nettement qu'il s'agit de l'application de cette ancienne idée féodale d'investiture.

« Celui qui, par voie de vente, d'échange ou de convention quel- « conque, est en droit d'exiger l'investiture d'un immeuble, ne peut « agir que par voie d'action personnelle contre son cocontractant. *Il*

« *ne peut revendiquer l'immeuble contre les tiers.* » (*Bulletin de législation comparée*, de 1870, p. 30 à 55).

Ce n'est donc pas, comme en Droit français, *le simple consentement des parties,* la convention libre d'aliéner, qui opère par elle seule l'aliénation. De même que, dans le Droit romain ancien, il fallait la tradition pour que la convention atteignît ce résultat, de même, en Droit germanique, il faut *l'investiture.*

Et ce n'est pas par une loi spontanée, créée de toutes pièces en 1872, que cette assise du droit de propriété a été ainsi consacrée! — Non, c'est le résultat d'un travail lent et constant remontant à plus d'un siècle. L'ordonnance de Frédéric II, du 20 novembre 1783, a organisé en Prusse le régime hypothécaire et a servi de modèle à la plupart des codes hypothécaires de l'Allemagne. Les auteurs de l'ordonnance pensaient que l'organisation des livres fonciers pourrait être opérée en un an. En 1820, cette organisation était si peu avancée, qu'il intervint un édit du 16 juin 1820, pour suspendre dans plusieurs ressorts judiciaires les prescriptions du Code civil général, qui subordonnaient à l'inscription l'existence de l'hypothèque. La force probante attachée aux énonciations des registres publics n'existait pas encore. Le grundbuch (livre foncier) n'a obtenu qu'en 1872 droit de cité dans la législation foncière de la Prusse et a permis de reconstituer le droit germanique sur les bases traditionnelles dont le droit Romain l'avait fait dévier.

La France, au contraire, chez laquelle on ne trouverait que difficilement, dans les coutumes bretonnes, la trace de pareils usages, la France, façonnée à d'autres idées, pratiquant le principe d'exclusion de l'Etat dans les conventions entre parties, faisant reposer le droit de propriété non dans l'investiture, mais dans la transmission de particulier à particulier, respectueuse de la liberté et du droit de chacun, ne pourrait se soumettre que difficilement à un principe contraire à son génie et à ses usages. Il faudrait, du reste, toucher à tous les articles de son Code, puisqu'on porterait la main sur la base même de son droit national.

Entre les parties, la convention continuera-t-elle à produire ses effets indépendamment de l'inscription ?

L'inscription met-elle à l'abri l'acquéreur de mauvaise foi? Préserve-t-elle l'acquéreur de toute action, soit de résolution, soit de rescision, soit de révocation, soit de nullité, fondée soit sur l'incapacité des parties, soit sur l'inaliénabilité du bien transmis?

L'inscription va-t-elle donc avoir cet effet d'effacer d'un trait tous les articles de nos lois qui peuvent, il est vrai, laisser, pendant un certain temps, dans l'incertitude l'assise de la propriété, mais qui, d'un autre côté, sont des garanties protectrices pour le propriétaire ou l'incapable?

Comme ces conquérants que rien n'arrête, qui mènent leur char de victoire à travers les blessés, les mourants, les femmes, les enfants, ne voyant que le but et négligeant les victimes, de même les novateurs absolus comprennent que, pour montrer toute l'efficacité de leur conception, il faut exiger des sacrifices et n'hésitent pas, au nom d'un intérêt public, qu'ils proclament plus respectable, à faire facilement l'abandon des intérêts particuliers, qu'ils sacrifient à la nécessité de leur système.

M. Emile Dansaert, avocat à la cour de Bruxelles, président du Crédit foncier de Belgique et M. Hubert Brunard, avocat à la Cour d'appel de Bruxelles, commissaire au Crédit foncier de Belgique, dans leur rapport sur l'immatriculation des immeubles au Congrès international de la propriété foncière, s'expriment ainsi à la page 10 : « L'immatri-« culation d'un immeuble dans les livres fonciers a pour but de remé-« dier à tous les inconvénients. Mais elle n'a cette conséquence que si « l'on admet qu'elle établit, d'une façon définitive et irrévocable, la pro-« priété d'un immeuble dans le chef de celui en faveur duquel elle a « été décrétée. »

Et un peu plus loin, accentuant encore leur pensée, ils ajoutent :

« Il importe de constater, dès le début de notre travail, que nous « admettons comme un principe essentiel que l'inscription d'un immeu-« ble dans les livres fonciers (immatriculation), laquelle ne peut d'ail-« leurs être faite dans l'intérêt public qu'après accomplissement de « toutes les formalités propices à sauvegarder les droits des tiers et « sous le contrôle de l'autorité judiciaire, doit, pour être totalement « efficace, constituer le titre absolu et irrévocable, *en toute hypothèse*, « de la propriété du bien immatriculé. L'origine et la nature de l'imma-« triculation justifient déjà cette thèse. »

Ainsi l'affirmation bien nette, bien précise des auteurs que nous venons de citer est que la force probante doit produire toutes ses conséquences pour procurer une efficacité véritable au régime nouveau.

Nous avons recherché, avec une légitime curiosité, si l'Act Torrens était allé aux limites extrêmes de cette théorie et nous devons avouer que nous ne sommes pas absolument fixé sur ce point délicat.

Dans la séance de la sous-commission extra-parlementaire, du 2 juin 1892, l'éminent président de la sous-commission, à propos de la grave question de l'autorité de l'inscription juridique, a parfaitement compris que la clarté sur ce point était indispensable.

« Le Comité, observe-t-il, a dit qu'il n'avait pas des documents assez « certains pour pouvoir interpréter d'une façon complète la signification « de l'Act Torrens. Il y a eu des discussions sur ce point : on a produit « un cas extrêmement curieux de rescision, par suite d'une fraude ; « d'où l'on a conclu que cet Act Torrens n'avait pas la rigidité que « quelques personnes avaient supposé. »

Et M. Yves Guyot, auquel M. le Président et M. Edouard Millaud s'adressent, répond en ces termes :

« Puisque je suis directement interpellé et pris à partie, par « l'honorable M. Edouard Millaud, je lui dirai qu'autant que je puis « m'en souvenir, au point de vue de l'Act Torrens, lorsqu'il y a dol, « il y a rescision et non pas seulement des dommages-intérêts. »

Et M. Besson, s'inquiétant de la même question, s'exprime ainsi à la page 432 de son remarquable ouvrage : « Il n'est pas une de ces « législations, à commencer par l'*Act Torrens*, qui ne refuse au titu- « laire de mauvaise foi la garantie loyale attachée aux énonciations « des registres publics. Il est évident que la publicité serait singulière- « ment détournée de son but, si elle pouvait consolider des droits réels « acquis par fraude ou par dol.

Le Code Prussien de 1872, dans son article 9, porte que toute inscription « de propriété pourra être attaquée conformément aux règles « du Code civil. »

Le Congrès de 1889 a admis que *toute inscription obtenue par fraude sera annulable à l'encontre du titulaire de mauvaise foi seulement et sous réserves des tiers de bonne foi.*

La commission extra-parlementaire a voté les articles 1 et 5 suivants de son projet de loi :

Article 1er. — Entre les parties, la convention produit ses effets indépendamment de l'inscription.

L'auteur ne peut se prévaloir, à l'encontre de l'acquéreur, du défaut d'inscription ; l'acquéreur, malgré l'inscription prise, reste exposé à toute action en nullité ou en résolution.

Article 5. — Les droits de tiers, qui ont traité sous la foi d'une inscription, sont opposables au véritable propriétaire.

La Commission semble bien admettre le recours direct du propriétaire ancien contre l'acquéreur directement, mais son droit disparait devant les droits acquis par des tiers.

Nous voyons que le système nouveau, avec les concessions qu'il est obligé de faire à la justice et au bon sens, se rapproche sensiblement de notre jurisprudence actuelle sur ce point. La Cour de cassation et les Cours d'appel ont jugé par une longue suite d'arrêts,

Cass. 16 janvier 1843 S. 43.1.97
16 juin 1843 S. 4,31,108
26 février 1867 S. 67,1,161
4 août 1875 S. 76,1,8
3 juillet 1877 D. 77,1,249
22 mars 1879 S. 80,1,20

que les aliénations ou constitutions de droits réels immobiliers, émanant de l'héritier apparent, légitime ou testamentaire, au profit d'un tiers de bonne foi, doivent être respectés par l'héritier véritable. De même, l'action révocatoire des donations pour cause d'ingratitude est repoussée, lorsque l'immeuble est sorti des mains du donataire. Le privilège et l'action résolutoire du vendeur disparaissent par la seule transcription de la revente, s'il n'y a pas eu inscription en temps. Par un arrêt en date du 16 décembre 1893, la Cour de Paris a maintenu les hypothèques consenties par un acquéreur à un tiers de bonne foi, alors que la vente était annulée pour concert frauduleux entre le vendeur sous le coup d'un conseil judiciaire et l'acquéreur de mauvaise foi.

Voilà déjà atteint et restreint le principe de la force probante. Aussi MM. Dansaert et Brunard, dans leur rapport précité, s'écrient-ils à ce sujet : « Admettre cette restriction aux principes, c'est, suivant nous, « enlever à l'immatriculation une partie de ses bienfaits, c'est laissser « planer une incertitude sur la propriété du sol, c'est rechercher par « conséquent, dans certaines limites, *le crédit auquel il doit servir « de base.* »

Après cette première brèche apportée à la certitude de l'assise inébranlable de la propriété, nous allons en examiner une seconde que le Comité de rédaction et d'études avait cru devoir faire, mais qui a été repoussée par la sous-commission juridique.

Nous nous trouvons en présence de deux camps qui se sont formés dans l'armée des partisans du Livre foncier, ceux qui veulent le pousser jusqu'à toutes ses conséquences, ceux, au contraire, qui essaient d'allier les principes de notre droit avec l'utilité des Livres fonciers.

Notre honorable et savant président, M. Yves Guyot, posa à M. Massigli une question, dans cette même séance de juin 1892, question qui fit apparaître nettement les deux modes différents de comprendre l'application des Livres fonciers :

« Nous nous sommes efforcés, a dit M. Massigli, dans cette question, « comme dans l'élaboration de l'avant-projet en général, de porter le moins « d'atteinte possible à certains principes de notre Droit qui ne paraissent pas provoquer de réclamations sérieuses. Il n'est pas possible « de toucher au régime de la propriété foncière sans mettre immédiatement en question un grand nombre de dispositions du Code civil. « *Serait-ce une tactique habile que de modifier sur tous les points « qui se rattachent au régime de la propriété les principes aujourd'hui reçus ?* »

Dans un savant discours, M. Massigli expose les raisons pour lesquelles il ne faut pas pousser à l'extrême le principe de la publicité.

« Ce principe une fois posé, est-il possible de le suivre dans toutes « ses conséquences ? Il y a, d'après les règles actuelles de notre droit, « des causes de résolution, qui résistent à la publicité, des droits qu'il « n'est pas possible d'y plier : le Comité a dû se demander s'ils pour-

« raient être invoqués contre les tiers quoiqu'ils soient demeurés « occultes, ou si la foi due au registre prévaudrait contre eux. »

En conséquence, l'honorable et savant rapporteur du Comité de rédaction et d'études, après avoir inséré dans l'article 2 que « l'inscription met l'acquéreur à l'abri de toute action fondée sur un droit non inscrit ou intentée en raison d'une clause d'un contrat non inscrit » proposait l'adoption des articles d'exception 3 et 4 :

Art. 3. — Sont exceptées la révocation des donations pour cause de survenance d'enfant, révocation des donations entre époux pendant le mariage, la réduction pour cause d'atteinte à la réserve héréditaire, et la nullité du partage d'ascendants dans le cas prévu par l'article 1078 et la deuxième disposition de l'article 1079.

Néanmoins, l'action en nullité dans le cas prévu par les articles 1078 et 1079 du Code civil ne peut être intentée contre les tiers que discussion préalablement faite des biens des cohéritiers.

Art. 4. — Sont pareillement exceptées les actions en nullité fondées sur l'incapacité d'une des parties ou sur le défaut absolu d'acte notarié lorsqu'un acte de cette nature est exigé par la loi.

Et, en effet, la révocation pour cause de survenance d'enfant, qui donc l'inscrira ? N'est-elle pas justement établie au profit de la famille légitime qui peut naître ? L'article 965 du code civil interdit au donateur de renoncer à cette cause de révocation, tant nos lois protègent la famille et ce principe fondamental disparait, puisque le donateur, pour sacrifier l'innocent qui ne peut se défendre, n'a qu'à ne pas inscrire ce droit de révocation.

La donation entre époux éminemment révocable pour des raisons, qui sont basées sur les causes les plus graves et les plus légitimes, devient irrévocable si l'époux obtient de son conjoint la non-incription.

Le droit de réduire une libéralité excessive est un droit que les héritiers tiennent de la loi et le donateur pourra l'enlever à ses enfants, en n'inscrivant pas ce droit de réduction.

De même, en matière de partage d'ascendant, le descendant lésé ou absent ne pourra réclamer, s'il n'y a pas eu inscription.

Et ce n'est pas tout.

Les causes de nullité fondées sur la minorité, le mariage, le régime dotal, l'interdiction, la faillite et autres causes d'incapacité ne peuvent être opposées si elles n'ont pas été inscrites.

Et cependant, est-ce que ces causes de nullité ne doivent pas être respectées quand même et toujours, parce qu'elles reposent sur des raisons de faiblesse intellectuelle, d'organisation familiale dont un intérêt général et social tout à fait supérieur exige impérieusement la consécration. La protection des intérêts des incapables ne tient-elle pas autant que le crédit immobilier à l'intérêt public ?

Et, du reste, peut-on dire que toutes ces causes de résolution et de nullité ne sont pas inscrites? N'existent-elles pas dans nos lois et ne connaissons-nous pas ce vieil axiome, base de toute responsabilité civile ou pénale:

« *Nul n'est censé ignorer la loi.* »

Faut-il demander aux conservateurs des registres d'inscrire d'office sur chaque feuillet de chaque immeuble les articles du Code qui touchent à ces nullités?

Certes, les partisans absolus des Livres Fonciers n'ont pas été sans reconnaître que le rejet de ces exceptions inscrites dans les articles 3 et 4 pourraient avoir quelques inconvénients, et l'honorable M. Challamel avouait que le principe de l'égalité entre les enfants était, *dans notre pays, l'objet d'un culte superstitieux.* « Si donc nous touchons « à la réserve, nous suscitons des réclamations de tous les « points de l'horizon. J'ai peur que ces réclamations ne fassent échouer « notre réforme tout entière et je reste, à l'égard de ce numéro 3, dans « une position bien embarrassante; j'en suis l'adversaire, mais je n'ose « pas l'attaquer! »

Et M. Fravaton ajoutait:

« Si l'on admet une seule exception au principe qui est posé dans « le premier paragraphe, on supprime par là même la possibilité de créer « un titre transmissible.

« Si l'on crée un titre, il faut que toutes les causes de nullité ou de « rescision y soient mentionnées, car il n'est pas admissible que l'on « soit obligé de remonter toute la série des transactions antérieures...

« Il ne faut pas qu'au delà de la dernière mutation, il puisse se trouver « une cause de rescision. Si une seule exception est admise, la création « d'un titre transmissible est impossible ».

Le Livre Foncier était encore en présence d'une grosse difficulté, sa création allait porter atteinte à des intérêts les plus sérieux, les plus respectés. Qu'importe, il faut arriver à ce qu'on considère comme un intérêt supérieur et la sous-commission, ne suivant pas les exemples du Comité de rédaction et d'études, repousse les exceptions proposées.

Aussi ce refus de dispenser de l'inscription les actions dont il vient d'être parlé va augmenter, dans une proportion notable, les victimes innocentes de ce nouveau régime foncier. Comment parer à cette injustice nécessaire?

Parlerons-nous de cette Caisse de prévoyance qu'il a fallu instituer dans les pays d'immatriculation, pour venir au secours des propriétaires injustement dépossédés? Comment fonctionnera cette Caisse? Comment sera-t-elle alimentée? Dans quels cas et suivant quelle procédure pourra-t-on s'adresser à elle? Autant de points à résoudre et au sujet desquels les opinions les plus diverses peuvent être émises.

Et, en effet, une des conséquences de la force probante de l'inscription est cette création d'une Caisse d'assurance. Si la propriété est bien assise vis-à-vis des précédents propriétaires, avec quelle facilité elle peut être enlevée au propriétaire possesseur ! S'il a la sécurité d'un côté, il court bien des dangers de l'autre. Plus le titre est facilement transmissible, plus l'immatriculation a un effet absolu ; plus le propriétaire possesseur a droit d'être inquiet. Il suffira d'une légalisation de signature, pour que le titre soit inscrit au nom d'une autre personne et que le véritable titulaire soit dépossédé à tout jamais.

Cette facilité de transmission est du reste le vœu le plus cher des partisans du Livre foncier.

Mobilisation du sol

Ainsi qu'il a pu apparaître dans les diverses citations que nous avons faites de l'intéressante discussion qui a eu lieu au sein de la sous-commission extra-parlementaire, le but final, le principal objectif, que les promoteurs du Livre foncier voulaient atteindre, c'est ce qu'on a appelé *la Mobilisation du sol*.

Tous les obstacles surmontés, tous les sacrifices accomplis, tous les principes de notre droit et tous les intérêts jusqu'ici les plus sacrés abandonnés, tendent à substituer au sol un titre négociable comme une valeur au porteur.

Mais ce morceau de papier, qui pourra se transmettre de main en main et qui sera la représentation du sol, quelle garantie pourra-t-il offrir ? Pour quelle somme acceptera-t-on, soit en banque, soit en bourse, un titre représentant un bien qui n'a pas de cours cotés et dont rien ne révèle la valeur vénale ? L'effet négociable portera évidemment la mention des charges dont il est grevé ; mais il faut alors la contre-partie, c'est-à-dire *la valeur de l'immeuble*.

Or, cette évaluation ne peut être laissée à l'appréciation du propriétaire, il serait trop enclin à l'exagérer même de très bonne foi. D'un autre côté, la valeur d'un immeuble varie ; il peut subir des dépréciations comme acquérir une plus-value. Quelle sécurité le titre offrira-t-il donc ?

Aussi, certaines législations allemandes et la loi de Brumaire, an III, sur la cédule, en étaient arrivées à décider que la valeur attribuée à l'immeuble serait débattue et inscrite sur les livres et les extraits, après une évaluation contradictoire entre le propriétaire et les conservateurs des Livres fonciers. Et comme il fallait une sanction à cette évaluation, en cas de déficit dans la réalisation, le conservateur et subsidiairement l'Etat étaient responsables et garants. Ce n'est qu'à ce prix que la sécurité de l'acquéreur pourrait être sérieuse ! Il n'est pas nécessaire d'insister pour démontrer l'impossibilité de la création d'une pareille responsabilité, et, si elle était créée, le grave danger pour le propriétaire, dont l'immeuble serait toujours évalué par le conservateur à un prix inférieur à sa valeur réelle.

A un autre point de vue, cette création d'un titre négociable de la propriété doit aussi être repoussée.

La propriété du sol crée, par sa nature, une certaine noblesse à celui qui le possède, parce qu'il est une parcelle même de la patrie et qu'elle ne peut s'expatrier comme les valeurs mobilières. Habituer l'homme de la terre à ne voir en cette richesse sacrée que l'équivalent d'une somme d'argent, une simple valeur d'échange, au lieu de l'envisager sous son aspect moral, comme élément de conservation sociale, c'est amener en même temps, à brève échéance, non seulement la *mobilisation* mais encore la *démoralisation du sol*.

Faut-il rappeler la triste expérience de la cédule hypothécaire de l'an III, loi désastreuse, qui, d'après le tribun Garnier, « avait jeté la « perturbation, amené une véritable convulsion d'agonie et menacé « d'emporter la fortune immobilière. » La République Argentine ne nous a-t-elle pas fourni la même expérience ?

Et tout récemment, n'avons nous pas reçu une leçon de choses du pays lui-même où nos savants réformateurs ont puisé l'idée de la création des Livres fonciers et de la mobilisation du sol : nous avons nommé l'Australie.

Le krack immobilier a amené en Australie une crise, qui a vivement impressionné l'Europe et a dû faire réfléchir les partisans de la mobilisation du sol. On a vu la valeur des terrains monter et descendre dans un laps de temps restreint, par cette facilité de l'agiotage des titres immobiliers.

Aussi nous nous demandons si M. Besson, l'apôtre convaincu et savant de la mobilisation du sol, écrirait, en 1894, ce qu'il faisait imprimer en 1891 : « Il ne tient qu'à nous, disait-il, de marcher dans cette « voie avec fermeté et persévérance, afin de protéger l'agriculture, de « venir en aide aux populations rurales et de préparer un champ « plus vaste à l'activité de notre pays. »

D'un autre côté, entendons la voix vibrante et éloquente d'un honorable orateur, M. Martin, que nous avons souvent cité :

« On verra la spéculation étendre ses ravages des valeurs mobilières « à la propriété foncière ; on verra le propriétaire, poussé par de funestes « facilités, se dépouiller par le jeu ou par tout autre caprice d'un titre « si prompt à passer de main en main ; on verra la terre atteinte par « l'agiotage devenir, lambeau par lambeau, l'objet des entreprises financières de la coulisse ; on verra, comme hier dans les provinces Baltiques « et dans un grand nombre des gouvernement russes, des juifs

« allemands, par des procédés d'usure sans cesse perfectionnés, devenir « propriétaires presque exclusifs de la plus grande partie des territoires « ruraux ».

Ces paroles ont déjà été vérifiées en partie dans les pays soumis au régime du Livre foncier.

Aussi, la Société des Agriculteurs de France, qui était en cette question la plus intéressée, qui, elle aussi, désire le développement du Crédit agricole, a vu dans cette méthode plutôt un danger qu'un aide et a émis dans la plénitude de son indépendance le vœu suivant :

« Considérant que la réfection du cadastre, de l'avis des hommes « compétents, entraînerait une dépense d'au moins 800 millions ;

« Que cette dépense est excessive si le cadastre n'est envisagé qu'au « point de vue de l'impôt foncier ;

« Considérant qu'en réalité la réfection du cadastre n'a d'autre but « que la création des registres fonciers, qui permettraient l'émission de « cédules hypothécaires, transmissibles par voie d'endos et emportant « l'exécution parée, afin d'arriver à la mobilisation de la propriété « foncière ;

« Considérant qu'en raison du morcellement de la propriété en « France, un abornement général et contradictoire amènerait une « grave perturbation dans la population rurale ;

« Considérant que la création de la cédule hypothécaire est une idée « renouvelée de la loi du 9 Messidor an III ; que pendant les quelques « années que cette loi a été mise en pratique elle a produit les résultats « les plus déplorables ;

« Que, dans l'intérêt de l'agriculture, il est indispensable que le culti- « vateur s'attache au sol, et qu'il serait profondément dangereux de « mobiliser la propriété foncière ;

« Considérant, au contraire, que la réforme hypothécaire s'impose, et « que jointe à une notable diminution des frais de timbre et d'enre- « gistrement pour les actes de mutation, de libération et réalisation du « gage, elle peut rendre de grands services au Crédit Agricole ;

« Qu'indépendamment de la loi de l'an VII, qui renferma d'utiles dis- « positions, que les rédacteurs du Code civil ont eu tort de négliger, il « existe des travaux importants qu'il serait facile d'utiliser, et, notam- « ment, un projet de loi soigneusement élaboré par l'Assemblée na- « tionale en 1850 et 1851 ;

« Estime qu'il n'y a pas lieu que les pouvoirs publics procèdent à la « révision complète du cadastre et à un abornement général de toutes « les propriétés, sauf aux habitants d'une même commune à s'entendre « ensemble pour procéder à un abornement amiable ;

« Qu'il est inutile de créer des registres fonciers ;

« Proteste contre la création des cédules hypothécaires ;

« Mais émet le vœu :

« Qu'il soit procédé le plus tôt possible à la réforme du régime « hypothécaire, sur les bases suivantes :

« Transcription obligatoire, totale ou partielle, de tous les actes opé- « rant transmission, modification, démembrement ou diminution de « valeur de la propriété foncière ;

« Suppression des hypothèques occultes, spécialité et publicité com- « plète pour les privilèges et les hypothèques, même hypothèques « légales ;

« Modification du système d'hypothèques judiciaires ;

« Simplification des formalités de purge, d'expropriation forcée et de « contribution des prix de vente entre créanciers ;

« Ample réduction des droits de timbre et d'enregistrement pour les « mutations de propriété et autres actes relatifs à la réalisation du « gage ou à la libération du prix, notamment quand il s'agit des « créanciers hypothécaires ».

Devant toutes ces manifestations, la Commission extra-parlementaire qui paraissait avoir eu toujours en vue la mobilisation du sol, semble au dernier moment avoir reculé et, par un vote récent, elle a repoussé l'hypothèque sur soi-même à 2 voix, il est vrai, de majorité et a admis seulement les obligations hypothécaires, nominatives, transmissibles par voie d'endos.

Et maintenant, si nous jetons un regard en arrière sur le chemin déjà parcouru, que de difficultés, que de causes d'erreurs et de conflits, que de brèches faites à notre droit civil, pour aboutir, non pas à cette mobilisation du sol, qui était le but final de tous ces efforts et la récompense de tant de travaux, non pas à la cédule hypothécaire, qu'on disait être l'adjuvant nécessaire du Crédit agricole et que, par suite d'un mirage, les novateurs croyaient saisir à chaque instant et voyaient toujours aussi éloignée, mais simplement à un résultat bien modeste et bien simple, la transmission des obligations hypothécaires par voie d'endossements.

Dans les divers discours qui ont été prononcés à l'occasion de cette question, dans les différents congrès où elle a été agitée, la remarque a été faite que les parties les plus intéressées, les propriétaires, étaient absents, et qu'il serait utile d'avoir leur avis.

La Société des agriculteurs a parlé, il appartient aujourd'hui au Congrès de la propriété bâtie de formuler son opinion et d'émettre ses vœux.

Le Congrès verra s'il ne doit pas demander de suite la discussion des lois qui apportent d'utiles modifications à notre régime hypothécaire et, laissant, dans le domaine élevé et tranquille de la théorie et de la science, l'examen plus attentif de la question des Livres fonciers, ne pas attacher le sort aléatoire de cette réforme coûteuse à celui plus rée des améliorations pratiques et nécessaires de la loi de 1855, et des articles du Code qui s'occupent des immeubles et hypothèques.

GEORGES DELOISON,
Avocat à la Cour d'Appel.

15.654. — LYON. — Imp. du SALUT PUBLIC, 71, rue Molière.

www.ingramcontent.com/pod-product-compliance
Ingram Content Group UK Ltd.
Pitfield, Milton Keynes, MK11 3LW, UK
UKHW021036260726
13994UKWH00005B/2177